Puerto de la Cruz

lieben lernen

Der perfekte Reiseführer für einen unvergesslichen Aufenthalt auf Teneriffa inkl. Insider-Tipps und Packliste

Britta Blumenberg

✈ INHALT

Das erwartet Sie in diesem Buch

Sie sind kulturell interessiert, lieben Sightseeing und Museen? Oder bevorzugen Sie Shopping, Flanieren und Faulenzen in der Sonne? Möglicherweise sind Sie ein Gourmetreisender, der in seinem Urlaub hauptsächlich den regionalen Gaumenfreuden frönt. Vielleicht möchten Sie von Ihrem belebten Urlaubsort aus auch einmal schnell in die ruhige Natur entfliehen und all das ohne viel logistischen und finanziellen Aufwand? Egal, zu welcher Sorte Reisender Sie sich zählen, Puerto de la Cruz ist die ideale Stadt und dieser Reiseführer genau der richtige für Sie.

Puerto de la Cruz, wörtlich übersetzt der „Hafen des Kreuzes", ist die Perle des grünen Nordens Teneriffas und die heimliche Hauptstadt.

Es ist ein eklektizistisches Gebilde aus sehr alter und traditioneller kanarischer Architektur, farbenfrohen Gebäuden und einigen Bausünden aus den 60ern. Mittendrin ist auch einmal etwas Baufälliges. Und zwischen all dem Stein befinden sich immer wieder Bäume, hauptsächlich Palmen, Miniparks mit Springbrunnen und jede Menge nette Menschen. Puerto ist bunt. Und sehr sauber. Genau das macht die Stadt aus.

Die viertgrößte Gemeinde der Kanareninsel bietet ihrem Besucher (neben einem interessanten Stadtbild) zahlreiche Freizeitmöglichkeiten, wunderschöne Ausblicke auf das Meer und den Teide (Spaniens höchsten Berg und Wahrzeichen der Insel), interessante Einblicke in das bunte Leben der *Canarios* und die beste Ausgangsposition für viele weitere Ausflüge ins Umland von Puerto. Sie verzaubert mit ihrem fast schon lateinamerikanischen Charme, der sich in der Lebensfreude der *Portuenses* und den grünen Oasen im Stadtkern widerspiegelt.

In diesem Buch werden Sie erfahren, warum Puerto de la Cruz der perfekte Ort für Ihren Urlaub auf der Insel des „ewigen Frühlings" ist und wie man ohne weiteres eine Woche Urlaub in dieser schönen Stadt und ihrem Umland verbringen kann, ohne viel Geld ausgeben zu müssen.

Lassen Sie uns gemeinsam die ungewöhnliche Geschichte der Stadt, ihre bunte Kultur, ihre Sehenswürdigkeiten und ihre liebenswürdigen Einwohner entdecken. Also – ¡*Vamonos*!

Bevor es wirklich los geht...

Puertos Geschichte hängt eng mit der Entstehung der Insel zusammen. Teneriffa, das in der Sprache der Ureinwohner, der Guanchen, „schneebedeckter Berg" heißt, ist eine Insel vulkanischen Ursprungs. Vor vielen Millionen Jahren befanden sich dort, wo heute das 2.000 Quadratkilometer große Archipel ist, nur drei kleine Inseln: die heutige Südspitze, das Tenogebirge und das Anagagebirge. Sie sind die geologisch ältesten Bestandteile

Teneriffas. Vor ca. zwei Millionen Jahren fügte ein gewaltiger Vulkanausbruch die Inseln zu einem Ganzen zusammen und die Cañadas del Teide, die bizarre „Mondlandschaft" rund um den höchsten Berg (nicht nur Teneriffas, sondern auch Spaniens), entstand.

Der Teide selbst ist mit 170.000 Jahren noch relativ jung. Vor 500.000 Jahren stand

ungefähr an seiner Stelle der Urteide, der jedoch in sich zusammenfiel und dabei einen Tsunami katastrophalen Ausmaßes verursachte. Nach und nach, durch unzählige Eruptionen, entstand dann der Berg, wie man ihn heute kennt. Der Teide ist heute noch aktiv, wie auch die ca. 100 weiteren kleinen, auf der Insel verteilten Vulkane.

Dass auf vulkanischen Böden viel wachsen kann, sieht man besonders im Norden der Insel: Hier herrschen ganz andere klimatische Verhältnisse als im trockenen, heißen Süden der Insel, wo ganzjährig Badewetter ist.

Im Norden jedoch steigt das vom Meer verdunstende Wasser auf und bildet eine dicke Wolkendecke, die an dem Bergmassiv hängen bleibt. Treffen diese Wolken dann auf die feuerresistenten kanarischen Kiefern (nirgendwo anders gibt es Kiefern mit so langen Nadeln!), Lorbeerbäume und anderen Pflanzen, kondensiert das Wasser. Es bildet sich ein feiner Nieselregen, der für ideale Wachstumsbedingungen für die vielfältige, exotische Fauna Teneriffas sorgt.

Hier im Norden befindet sich das „grüne Herz", das Orotava-Tal, eine sehr fruchtbare   10 mal 11 Kilometer große Fläche. Dabei handelt es sich geologisch gesehen nicht wirklich um ein Tal. Die wohl grünste und botanisch reizvollste Landschaft Teneriffas ist eine gewaltige Gerölllawine, die im Westen von der Ladera de Tigaiga und im Osten durch die Ladera de Santa Ursula, zwei steilen Felsabrissen, begrenzt wird.

Die Komposition aus bizarren Felsen und exotischer, artenreicher Fauna versetzte bereits den deutschen Naturforscher Alexander von Humboldt in Verzückung. Der Weltreisende verbrachte 1799 einige Zeit zu Forschungszwecken auf der Insel und konstatierte schwärmerisch: *„Ich habe im heißen Erdgürtel Landschaften gesehen, wo die Natur großartiger ist, reicher in der Entwicklung organischer Formen. Aber nachdem ich die Ufer des Orinoco, die*

Cordilleren von Peru und die schönen Täler Mexikos durchwandert, muss ich gestehen, nirgends ein so mannigfaltiges, so anziehendes, durch die Verteilung von Grün und Felsmassen so harmonisches Gemälde vor mir gehabt zu haben... Ich kann diesen Anblick nur mit den Golfen von Genua und Neapel vergleichen, aber das Orotava-Tal übertrifft sie bei weitem durch seine Ausmaße und die Reichhaltigkeit seiner Vegetation.“ (Zu lesen ist dieser Ausspruch in Spanisch übrigens am Mirador de Humboldt, einem Aussichtspunkt, der dem Deutschen gewidmet ist und sich an der Autobahn, die von Puerto nach La Orotava führt, befindet.)

Die Flüsse und Quellen des Aquamansa sorgen zusätzlich für Feuchtigkeit und somit für optimale landwirtschaftliche Bedingungen. Schon die Guanchen, die Ureinwohner Teneriffas, wussten um die günstige Lage und siedelten hier.

1496, ein Jahr nachdem Teneriffa endgültig in die Hände der spanischen Krone gefallen war, siedelte der spanische Adlige Francisco de Lugo in La Orotava und teilte das Orotava-Tal unter seinen Verwandten und spanischen Adligen auf. Zunächst wurden Zuckerrohr, Obst und Gemüse für den

Eigenbedarf angebaut. Als jedoch im 16. Jahrhundert der Zucker zunehmend aus Amerika importiert wurde, verlegten sich die spanischen Siedler auf den Weinanbau. Teneriffas Blütezeit begann.

Was hat das nun mit Puerto de la Cruz zu tun? Die Entstehung der Stadt ist den ungünstigen Verkehrsbedingungen bzw. dem unwegsamen Gelände auf der Insel zu verdanken. Die selbst angebauten Lebensmittel ernährten die Bewohner des Orotava-Tals, aber sie waren hinsichtlich der Waren des täglichen Bedarfs auf Lieferungen von außen angewiesen. Außerdem war es nötig, die produzierten landwirtschaftlichen Güter (hauptsächlich Zuckerrohr, später dann Wein) nach außen zu bringen. Dabei erwies sich das Meer als idealer Transportweg.

Bereits im 15. Jahrhundert landeten Schiffe mit Waren an der Küste der Schlucht San Felipe (heutiger Westen der Stadt). Da es keinen Hafen gab, lagen die Schiffe vor der Küste auf Reede. Die Import- und Exportgüter wurden per Boot an Land bzw. auf das Schiff gerudert und dann mit Wagen oder auf Maultieren in die Stadt La Orotava gebracht.

Dass die Stadt nicht direkt an der Küste lag, hatte den Vorteil, dass sie vor Überfällen durch

Piraten und portugiesische Seefahrer geschützt war.

Der spanische König Philipp II beauftragte den italienischen Baumeister Leonardo Torriani damit, Befestigungsanlagen für den Landeplatz zu entwerfen. Der Italiener verweilte von 1584 bis 1593 auf den Kanaren. Im Jahre 1604 begannen die Arbeiten an der Mündung des Barranco San Felipe. Die Fertigstellung dauerte dann aber doch bis Mitte des 17. Jahrhunderts.

Hier beginnt die Geschichte von Puerto, denn neben dem Hauptlandeplatz gab es noch drei weitere, die im 18. Jahrhundert durch Festungswerke zusätzlich geschützt wurden:

- den Puerto Nuevo, wo zwischen 1641 bis 1650 eine halbkreisförmige Mole entstand. Er wurde durch die Batería Santa Barbara befestigt.

- am Strand von San Telmo (mit der Batería San Telmo) und am Barranco Martiánez (mit der Batería San Carlos).

Zunächst war Puerto de la Orotava, wie es damals noch hieß, also lediglich eine Ansammlung von Schiffsanlegeplätzen, einigen Hütten für die Fischer und Ruderer und einer kleinen Kirche, die der Vorgänger der heutigen Kapelle San Telmo war.

100 Jahre nach Beginn der spanischen Besiedlung des Orotava-Tals gab der spanische Verwalter von La Laguna dem Regierungschef, dem *regidor*, Antonio Franchi Luzardo y Ponte de Castillo den Auftrag, mit der Stadtplanung zu beginnen.

In der Altstadt La Ranilla (das Fröschlein) südöstlich vom Puerto Nuevo wurden zunächst öffentliche Wege und Bauplätze für eine Kirche und Grundstücke gekennzeichnet.

Viele Händler erkannten den strategischen Wert der Insel und schätzten das milde, gesunde Klima. Die englische Kaufmannselite, die den Weinhandel dominierte, bildete den Großteil der neuen Siedler. Aber auch Franzosen und Portugiesen ließen sich im *Puerto* nieder.

Die Stadt begann zu wachsen und der Handel zu blühen. Lebten im Jahre 1604 nur 180 Einwohner in dem kleinen Hafen, so waren es gut 100 Jahre später bereits 2.826. Noch schneller entwickelte sich die Wirtschaft. Binnen 90 Jahren konnte sich La Orotava zum Hauptumschlagplatz (84,6 %) der Waren Teneriffas entwickeln.

Zu weiterem Wachstum trug der Vulkan-ausbruch von 1706 bei, der den Nachbarhafen in

Garachico vollständig vernichtete. Puerto konnte hiervon profitieren.

Wo Menschen leben, entsteht Kultur. Allein für das 17. Jahrhundert lassen sich drei Klostergründungen in Puerto nachweisen: Das Kloster der Franziskaner existierte von 1608 bis 1967. Der Orden der Dominikaner ließ sich hinter dem heutigen Rathaus, die weiblichen Mitglieder des Ordens gegenüber der Hauptkirche nieder. Leider wurden alle drei Klöster durch Brände vernichtet.

Bedingt durch den Spanischen Erbfolgekrieg von 1701 - 1714 kam es zu Veränderungen auf der Insel. Der Handel mit England brach zusammen und viele Engländer verließen die Stadt. Der kanarische Wein Malvasier war bei den Briten nicht mehr so gefragt. Sie verlegten sich auf den Madeira und Portwein der Portugiesen.

Nach dem Erlass des spanischen Königs Philipp V, das im Süden der Insel gelegene Santa Cruz zum einzigen Exporthafen für den Handel mit Amerika zu machen, verlor Puerto etwas an Bedeutung. Viele Händler mussten ihre Waren nach Santa Cruz verschiffen. Wo Verbote herrschen, blüht Kriminalität. Puerto wurde zum Schmugglerhafen für Wein und

Tabakwaren nach Amerika.

Die Bürger von Puerto de la Orotava gewannen zunehmend an Rechten. Bereits im 17. Jahrhundert war es ihnen erlaubt, ihre Ortsvorsteher selbst zu wählen. 1808 erlangt Puerto schließlich den Status einer selbstständigen Stadt.

Der wirtschaftliche Boom des Bananenexports im 19. und 20. Jahrhundert brachte der Stadt wenig. Vielmehr war sie vom Beginn ihrer Selbständigkeit an auf den Tourismus ausgerichtet. Zunächst wurden Anfang des 19. Jahrhunderts Zimmer vermietet. Ende des 19. Jahrhunderts dienten leerstehende Herrenhäuser als Hotels. Das erste echte Hotel, das Taoro Grand Hotel, entstand 1893. Reiche Briten suchten die Insel wegen ihres maritimen, milden Klimas auf und erhofften sich durch die salzige Meeresbrise eine Linderung oder gar Heilung von Lungenkrankheiten. Viele blieben für immer. Aber erst Mitte des 20. Jahrhunderts nahm die Entwicklung der Stadt zur Touristenhochburg wirklich Fahrt auf. Nachdem die spanische Regierung sie 1955 zum „Ort von touristischer Bedeutung" erklärt hatte, begann eine weitere Phase der Stadt-entwicklung durch bauliche Veränderungen im Sinne des Tourismus.

2006 erlangt Puerto de la Cruz offiziell den Status eines Ortes von kultureller Bedeutung. Kein Wunder, blickt sie doch auf vier Jahrhunderte Baugeschichte und verschiedene kulturelle Einflüsse zurück. Heute stehen einige Teile der Stadt unter einem besonderen Schutz.

Doch nicht nur in der Architektur, sondern auch in der Bevölkerung sind die Einflüsse der Kulturen noch spürbar. Wie alle Spanier sind auch die Kanarier tief verwurzelt im katholischen Glauben. Religion spielt eine große Rolle und die allermeisten besuchen regelmäßig die katholische Messe. Christliche Feste werden jedoch viel bunter und fröhlicher, aber dennoch mit Ehrfurcht gefeiert.

Überhaupt verstehen es die *Canarios* zu feiern. Im Sommer ist viel los auf den Straßen, oft gibt es Feste mit Live-Musik.

Wenn man jemanden von den Einheimischen kennengelernt hat, wird man relativ spontan auch mal nach Hause eingeladen. Feste Zeiten werden dabei nicht verabredet. Man trifft sich halt abends und das ist ein dehnbarer Begriff. Sollten Sie ohne feste Uhrzeit eingeladen werden, so kommen Sie nicht vor 20 Uhr und nicht nach 22 Uhr. Abendessen gibt es aufgrund des von der Hitze verlagerten Tagesrhythmus meist gegen 21 Uhr.

Wenn Sie auf Shoppingtour gehen, beachten Sie bitte, dass viele Geschäfte aus demselben Grund in den Nachmittagsstunden geschlossen haben. Geraten Sie auch nicht aus der Fassung, wenn es an der Kasse im Supermarkt mal länger dauert. Da kann es schon mal passieren, dass die Kassiererin mal eben die neue Jeans der Freundin, die kurz vorbeikommt, ausführlich begutachten muss – trotz 10 Meter Schlange. Die Spanier nehmen es gelassen.

Insgesamt sind die *Canarios* wenig distanziert, aber dabei immer höflich. Man kann jeden um Hilfe bitten und – sofern man Spanisch spricht – wird man schnell in ein Gespräch verwickelt.

Ankommen – aber wie

Da es sich bei Teneriffa um eine Insel handelt, noch dazu eine ziemlich weit vom Festland gelegene, bucht man sich üblicherweise ein Flugticket. Je nachdem von welcher deutschen Stadt aus Sie fliegen, kommen Sie nach 4,5 - 5 Stunden Flugzeit auf der Kanareninsel an. Vor dem Hauptgebäude des Flughafens befinden sich die Busse für die Pauschalreisenden, die Sie an Ihren Urlaubsort bringen.

Sollten Sie nicht zu dieser Personengruppe gehören, haben Sie die Möglichkeit, mit der Buslinie 343 nach Puerto zu gelangen. Ein Ticket kostet um die 14 Euro.

Die mit etwas mehr Geld in der Tasche können sich für ca. 100 Euro im Taxi in den Norden fahren lassen. Oder aber Sie haben bereits im Voraus einen Mietwagen geordert. Falls nicht, können Sie das direkt am Flughafen nachholen. Mietautos sind je nach Ausstattung und Mietdauer bereits ab 15 Euro pro Tag zu haben.

Unterwegs werden Sie die Gegensätze, die die Insel prägen, bemerken: Der karge, wüstenähnliche Süden geht allmählich in sanftes Grün über. Auf Ihrer Fahrt über die Autobahn, die die Insel einmal umrundet, haben Sie zwei Dinge oft im Blick: den Teide und das Meer. Und schließlich kommen Sie in Puerto an.

Die Stadt schmiegt sich mit ihren bunten Häusern und modernen Hotels in die Küstenlinie Teneriffas. Zur Landseite hin erblickt man die grünen Hänge des Orotava -Tals sowie die Stadt La Orotava. Wendet man den Kopf, so sieht man das Meer. Das große Gefälle macht es möglich. Erst wenn man durch die Straßen und Gassen fährt, ist der Blick auf die Umgebung verbaut. Und das auch nicht immer.

Wenn Sie nicht gerade zur Siestazeit ankommen, werden Sie schnell bemerken, dass in Puerto immer was los ist. Die Straßen sind – zumindest in der Hauptsaison – voll von Menschen. Auch in den späten Abendstunden in der Woche.

Tipp: Buchen Sie Ihren Mietwagen im Voraus, dann können Sie einiges sparen. Manche Hotels bieten diesen Service auch an. Leute, die unter 23 sind oder den Führerschein weniger als ein Jahr besitzen, könnten Schwierigkeiten haben, ein Auto zu bekommen.

Die perfekte Woche

Tag 1 – Ankommen und Eintauchen

Wenn Sie am Tage ankommen und noch Energie haben, können Sie sich einfach auf den Weg machen und die Stadt erkunden. Große Angst, dass Sie sich verlaufen werden, brauchen Sie nicht zu haben, denn die Stadt ist relativ übersichtlich und zur Orientierung hat man immer das Meer, das man entweder sieht, riecht oder hört.

Lassen Sie sich ein auf den kanarischen Rhythmus. Machen Sie *tranquilo*.

Das Stadtzentrum hat man schnell gefunden. Folgen Sie dem Menschenstrom. Flanieren Sie unter Palmen entlang der bunten Häuser durch die Innenstadt.

Schnell werden Sie feststellen, dass es unzählige Restaurants gibt, die ihre Spezialitäten anpreisen. Nehmen Sie sich die Zeit, die Preise zu vergleichen. Es lohnt sich.

Die Karten und Tagesangebote, die Menus del Día, sind oft gut sichtbar auf großen Tafeln vor dem Restaurant aufgestellt. Schließen Sie nicht von der Ausstattung eines Restaurants auf die Qualität seiner Küche. Hier können Sie Überraschungen erleben.

Natürlich gibt es neben regionaler und internationaler Küche auch Fast Food. Wenn Sie nicht auf kanarisches Essen verzichten wollen, haben Sie in einigen Restaurants die Möglichkeit, halbe Portionen zum halben Preis zu bestellen. Umso mehr Gerichte können Sie probieren. Zum Beispiel im Tapas Arcon (Calle Concejil). Hier können Sie neben anderen Tapas „Papas arrugadas" (Pellkartoffeln mit Salzkruste) mit Mojo-Sauce bestellen. Eine einfache, aber typische kanarische Speise. Lecker!

Auf den Einkaufsstraßen gibt es vieles, was das Herz begehrt. Kosmetik für die Dame, Schmuck, Kunsthandwerk etc. Nicht alles davon ist notwendig.

Wie überall gibt es auch auf Teneriffa

überteuerten Kitsch: Schneekugeln mit Delphinen, Magneten mit dem Teide, Muscheln usw. Trotzdem ziehen einen diese Läden magisch an.

Typisch sind die Souvenirläden, Lederwarengeschäfte, aber auch Feinkostläden, in denen Sie kanarische Spezialitäten erwerben können. Zum Beispiel Liköre und Weine. Aber Vorsicht! Hier kann man schnell mal an eine Fälschung geraten. Kaufen Sie diese Getränke lieber direkt beim Hersteller.

Machen Sie sich auch mal den Spaß, in ein Fisch-Spa zu gehen. Für ca. 10 Euro kann man sich von Putzerfischen die Füße säubern lassen und danach noch eine Wohlfühlmassage genießen.

Oder setzen Sie sich einfach auf eine Bank an der Plaza del Charco, dem von Palmen begrünten Hauptplatz, genießen ein Eis und beobachten Sie die Leute.

Bezaubernd sind die kleinen grünen Oasen sowie die Miniparks mit einem Springbrunnen, in die man sich mal vom Trubel zurückziehen kann.

Wer die Augen nicht nur auf den Boden oder die Schaufenster richtet, kann bereits am ersten Tag die Streetart an einigen Hauswänden entdecken. 2014 startete die Stadt ein ungewöhnliches Projekt, um die Häuser in der Altstadt La Ranilla zu verschönern.

Dreizehn internationale Künstler schufen unter der Leitung des Künstlers Matías Mata sehr individuelle Kunstwerke, die zum Verweilen und Betrachten einladen. Nicht immer sind das riesige Bilder. Auch kleine Details und farbenfrohe, dekorative Elemente sind bei genauem Hinschauen zu entdecken und machen so manches Haus zu einem echten Hingucker.

Vorbei am wohl ältesten Teil der Stadt, der Befestigungsanlage und dem Hafenbecken (hier kann man prima große Krabben beobachten, die auf Felsen krabbeln), gelangt man schließlich an die sehr belebte Strandpromenade. Spätestens hier stellt sich das Urlaubsfeeling ein, wenn von hier und da Musik kommt, man den Straßenkünstlern beim Porträt malen zuschaut oder sich vor – zugegeben manchmal etwas lästigen – Typen, die einem zwecks Fotoshooting einen oder gar zwei Papageien auf die Schulter setzen wollen, zu retten versucht.

Tag 2 – Blumen und Meer

Das Gute an Puerto ist, dass man mit ein bisschen Kondition jede Sehenswürdigkeit erlaufen kann. So auch ein kleines Juwel von Puerto, den Jardin Botánico. Will man hierhin, muss man einige Höhenmeter überwinden, denn er liegt hoch oben auf dem Berg. Der Jardin de Aclimatación de la Orotava wurde bereits 1788 gegründet, um die von Amerika eingeführten Pflanzen vor ihrer Weiterreise auf das Festland an das Klima zu gewöhnen. Für 3,50 Euro kann man hier locker zwei Stunden und mehr verbringen und über 1.000 Pflanzenarten betrachten. Sehr beeindruckend sind die riesigen Gummibäume, die verschiedenen Arten von Orchideen, Bromelien etc.

Ein kleiner Seerosenteich, ein Wandbild... viele hübsche Details gibt es neben der grünen Pracht zu entdecken.

Vom Botanischen Garten aus führen viele Wege in den Stadtteil La Paz. Hier sollte man unbedingt Halt machen am Balkon der Stadt, dem Mirador de la Paz. Dem Besucher bietet sich ein Blick auf die belebte Standpromenade, den Playa Martiánez mit seinem schwarzen, vulkanischen Sand, den Komplex des Lago Martiánez und natürlich – das Meer. Dieser Ort ist nah am Stadtzentrum und bietet dennoch Ruhe, viele Bars und Restaurants und ist nicht so von Touristen überlaufen.

Jardin Botánico
Calle Retama 2
Öffnungszeiten: täglich von 9 – 18 Uhr

Puerto hat mehrere Strände. Östlich des Zentrums direkt an der Avenida Colon liegt der Playa Martiánez, ein relativ steiniger Strand, an dem Sie Liegen und Sonnenschirme ausleihen können.

Im Westen der Stadt ist der attraktivere Strand, der Playa Jardin. Er macht seinem Namen, „Gartenstrand", alle Ehre. Von der parallel verlaufenden Strandpromenade, die von einer exotischen Blumenpracht, Kakteen und Palmen gesäumt ist, kann man sich ein schönes Plätzchen aussuchen. Am Playa Jardin gibt es Duschen, Toiletten, einen Kinderspielplatz und eine kleine Gastronomie. Beide Strände sind bewacht.

Grundsätzlich sollte man bei sehr hohen Temperaturen nicht in offenen Schuhen an den Strand gehen, denn manchmal ist der Sand so heiß, dass man das Gefühl hat, sich zu verbrennen. Bevor Sie ins Wasser gehen, sollten Sie die Farbe der Fahne checken, die am Strand weht. Hier gilt das Ampelprinzip: Grün heißt keine Gefahr, Gelb heißt anstrengend, aber noch okay, bei Rot besteht Lebensgefahr. Und dem können Sie ruhig glauben. Wer bei Gelb einmal so richtig von einer Welle umgeworfen wurde, weiß, dass es kein Spaß ist.

Der bevorzugte Strand der Einheimischen ist die Playa de San Telmo, auch Sandbank von San Telmo genannt. Es ist ein kleiner, familiärer Strand mit vielen Naturbecken. Mit Taucherbrille kann man hier die Unterwasserwelt entdecken.

Für die ganz Sportlichen unter Ihnen, gibt es die Möglichkeit, an den etwas abseits gelegenen Playa de Bollullo zu gehen. Vom Mirador de la Paz aus führt ein Weg an der Steilküste entlang zu einer schönen Bucht, die hauptsächlich von den Einheimischen besucht wird. Der Fußweg führt durch Bananenplantagen und über den Barranco de Arena.

Ist man mit dem Auto unterwegs, fährt man am besten zum Parkplatz El rincon und geht den Rest zu Fuß.

Tipps: Unbedingt immer Kopfschutz und ausreichend Sonnencreme verwenden. Trotz Wolkenfilm und Schattenplatz ist die Sonne sehr intensiv und man merkt durch die Meeresbrise nicht, wie man verbrennt.

Nehmen Sie dunkle Handtücher. Der schwarze Sand macht unschöne Flecken.

Um leichter ins Wasser zu kommen und Verletzungen vorzubeugen, empfiehlt es sich, Badeschuhe zu kaufen, denn oft ist der Boden steinig.

Wenn Sie ins Wasser gehen, suchen Sie sich unbedingt Stellen, wo keine Felsen in der Nähe sind, denn leicht kann man vom Wasser dagegen geworfen werden und sich ernsthafte Verletzungen zuziehen.

Schlagen Sie Ihr Lager nicht zu nah am Wasser auf. Die Größe der Wellen kann sich schnell ändern und schwupps... ist nicht nur man selbst, sondern alle Sachen auch nass.

Nie an unbewachten Stränden baden. Der Atlantik ist besonders im Norden der Insel tückisch.

Tag 3 – Sightseeing

Los geht's am ältesten Teil der Stadt, den Befestigungsanlagen am Strand. Klein und trutzig steht das im Kolonialstil errichtete Castillo San Felipe direkt neben dem Playa Jardin. Ursprünglich diente das Kastell der Piratenabwehr. Wenn man eintritt in das aus Feldsteinen gemauerte Pentagon, atmet hier noch der Geist der Geschichte und man kann sich gut vorstellen, wie die vier hier platzierten Kanonen donnerten. Heute wird das Castillo als Kulturzentrum genutzt, in dem Konzerte, Lesungen und Kunstausstellungen stattfinden. Für den Besucher ist das Castillo von 11 - 13 Uhr und von 17 - 20 Uhr geöffnet.

Weiter geht es im historischen Kern der Stadt, entlang der Calle Mequinez zur Muelle de Puerto de la Cruz und ihrem Playa, wo der Charme des Fischerdorfes von Puerto noch spürbar ist. Der Kai und das Hafenbecken mit den kleinen Fischerbooten bilden ein ideales Fotomotiv. Nicht zuletzt durch das lebensnah gestaltete Monumento de la Pescadora (Denkmal der Fischhändlerin), von der man den Eindruck hat, dass sie gerade aus dem Boot gesprungen ist. Gleich nebenan befindet sich das ehemalige königliche Zollamt, das jedoch heute als Museum für zeitgenössische Kunst (gezeigt wird eine sehr bedeutende Kunstsammlung bildender Künstler aus den letzten 100 Jahren) und als Touristeninformation dient. Weiter geht es zum Plaza de Europa. Wer Lust und Zeit hat und sich für Schiffe interessiert, sollte sich ungefähr 30 Minuten Zeit nehmen, um ins Museo del Pescador zu gehen. Gezeigt werden detailgetreue Schiffsmodelle und Fotos von Puerto de la Cruz. Ein paar Schritte weiter ist ein weiteres historisches Gebäude, die Casa Miranda. Frisch renoviert ist das 1730 erbaute Haus ein schönes Beispiel der kanarischen Architektur, die sich durch Holzkassettentüren und kunstvoll geschnitzte Holzbalkone auszeichnet.

Am Aussichtspunkt Punta del Viento kann man noch kurz Halt machen, um ein Selfie mit der Küste im Hintergrund zu machen.

Weiter geht es mit der Kirche Nuestra señora de la Peña. Sie ist die älteste Kirche von Puerto und durchlief seit dem Baubeginn 1648 einige bauliche Veränderungen. Die Kirche ist im Stil einer Basilika in drei Schiffe aufgeteilt. Seitlich sind zwei Kapellen. In jedem dieser Räume befindet sich ein prunkvoller barocker Altar. Ansonsten ist diese Kirche recht schlicht gehalten, aber sehenswert.

Zurück am Plaza del Charco gönnt man sich ein Eis oder einen kleinen Imbiss (Obwohl die Restaurants in zentraler Lage etwas teurer sind).

Geht man dann durch die Calle Blanco, kann man die Architektur einiger kanarischer Häuser studieren. Am Ende der Straße sieht man bereits einen Turm, den Torreon de Ventoso. Er ist Teil der Zivilschutzanlage der Familie Ventoso, die im 18. Jahrhundert dort lebte. Der Turm diente wie ein Bergfried der Beobachtung ankommender Gäste (vom Meer). Er ist eines der wenigen, noch existierenden Gebäude seiner Art.

Von hier aus kommt man zu einem kleinen Platz, der Plaza Concejil mit dem Denkmal eines ehemaligen Bürgermeisters der Stadt Francisco Alfonso Carillo. Wer noch nicht genug hat, kann über die Calle Dr. Ingram in westlicher Richtung und die Calle Zamora in Richtung Museo Arqueológico gehen, um den Tag mit etwas Geschichte zu beenden. Hier dreht sich alles um das Leben der Guanchen, hauptsächlich um deren Keramik und Schmuckgegenstände. Sogar eine Guanchenmumie kann besichtigt werden.

> Museo Arqueológico
> Calle El Lomo 9
> Öffnungszeiten: Di – So, 10 – 13 und 15 – 21 Uhr

Tag 4 – Loro Parque

Der Loro Parque bewirbt sich selbst mit „El *must* de Canarias" und das zu Recht. Eine kleine Bimmelbahn fährt vom Stadtzentrum in regelmäßigen Abständen zum „Besten Zoo der Welt" (diesen Titel erhielt der Park bereits mehrfach). Aber auch zu Fuß ist der hinter der Playa Jardin liegende Park gut erreichbar. Tickets dafür können Sie bereits in den kleinen Touristeninformationsbüros, von denen es einige in der Innenstadt gibt, kaufen oder aber sich direkt an der Kasse anstellen. Der sehr gepflegte Eingangsbereich mit Rasen, in Tierform geschnittenen Hecken und kleinen Tierstatuen ist sehr einladend gestaltet. Die Gebäude hier haben den Charakter eines Thaidorfes.

Wenn man pünktlich zur Öffnungszeit ankommt, braucht man keine langen Wartezeiten an den Kassen einplanen. Außer an den Wochenenden, denn der Loro Parque ist auch bei den Einheimischen beliebt. Gleich am Eingang kann man auch Discoverytouren buchen (Erwachsene 11 Euro, Kinder 7 Euro), um hinter die Kulissen zu schauen. Diese sind zwar sehr informativ, aber kein Muss. Gerade mit kleineren Kindern kann der Besuch dann zu lang werden.

Der deutsche Wolfgang Kiessling eröffnete den Park zusammen mit seinem Vater 1970 mit der Absicht, einige vom Aussterben bedrohte Papageienarten zu züchten und somit zu erhalten. Er startete mit 150 Arten auf 13.000 Quadratmetern.

Inzwischen hat sich der Papageienpark zu einem wunderschönen, liebevoll angelegten und sehr gepflegten Zoo entwickelt, der über 450 Tierarten auf 135.000 Quadratmetern beherbergt. Den Papageien gilt immer noch das Hauptaugenmerk und Kiessling wurde bereits mehrfach für seine Zuchterfolge ausgezeichnet.

Hauptattraktionen sind die Orca-, die Delfin-, die Seelöwen- und die Papageienshow. Unbezahlbar ist der Moment, wenn die Touristen in den ersten Reihen beim Eintauchen der springenden Orcas so richtig nass werden. Schade eigentlich, dass man vor Betreten der Show Regencapes angeboten kriegt.

Im sehr beeindruckenden Pinguinhaus kann man die kleinen und großen Vögel aus aller Welt beim Schwimmen und Tauchen beobachten. Eine meditative Wirkung haben die langsam schwimmenden, farbig beleuchteten Quallen in riesigen runden Wassersäulen.

Manch einer, der vor dem Schaufenster des Gorillageheges steht, gerät in hysterische Zustände oder erstarrt vor Ehrfurcht. Aber nicht wegen des Silberrückens. Nein. Auf einer kleinen Tafel wird der Besucher darauf hingewiesen, dass der *King of Pop*, Michael Jackson, bei seinem Besuch im Jahre 1998 genau dort gestanden haben soll.

Bei Tierschützern geriet der Loro Parque schon in die Kritik, da sich Orcas beim Training verletzt haben sollen und die Trainer nicht ausreichend qualifiziert seien. Die Zuchterfolge des Zoos sprechen jedoch für ihn. Die Tickets sind mit 38 Euro pro Erwachsenen und 26 Euro für Kinder ab 6 Jahren natürlich nicht ganz erschwinglich, aber auf jeden Fall einen Besuch wert.

Im Loro Parque kann man problemlos einen halben oder auch einen ganzen Tag verbringen. Überall im Park findet man kleine Restaurants, aber auch Picknickplätze und Souvenirshops. Nicht nur für Kinder ein lohnenswerter Ausflug.

> *Tipp: Wenn Sie Geld sparen wollen, machen Sie sich vor dem Besuch ein zünftiges Lunchpaket und denken Sie auch an ausreichend Getränke.*
>
> *Gehen Sie möglichst an einem Werktag in den Park, da der Andrang am Wochenende noch größer ist.*
>
> *Etwa 10 Euro pro Person kann man auch beim Erwerb von sogenannten Kombitickets sparen. Wenn Sie also vorhaben, neben dem Loro Parque auch den größten Wasserpark Europas, den Siam Park, zu besuchen, sollten Sie darüber nachdenken.*

Tag 5 – Un día relajado – einfach mal entspannen

Wenn man mal keine Lust auf Shopping oder zum Baden hat, sondern einfach mal relaxen will, sollte man unbedingt den Taoro-Park besuchen. Er ist ein wahres Kleinod der Stadt. Um zu dem auf einem Vulkankegel gelegenen 100.000 Quadratmeter großen Wasserpark zu gelangen, muss man wieder einige Höhenmeter überwinden. Beim Treppensteigen trainiert man ganz nebenbei die Oberschenkel und den Herz-Kreislauf.

Wasserpark heißt er, weil hier viele kleine Teiche und künstlich angelegte Wasserfälle für ein besonderes Flair sorgen.

Der flache Teil des Parks, La Sortija, befindet sich

hinter dem leerstehenden Gran Hotel Taoro und ist bei Sportlern sehr beliebt. Das erste Luxushotel der Stadt wurde Ende des 19. Jahrhunderts erbaut. Mit ihm entstand der Park, der den Hotelgästen Erholung bieten sollte. Auch die englische Krimiautorin Agatha Christie soll hier residiert haben. Auf verschlungenen Wegen kommt man an Statuen des Hotels vorbei. Kleine Stege führen in verborgene Winkel. Paradiesisch!

2006 wurde der in die Jahre gekommene Park saniert, Mauern und Wege repariert, viele neue Pflanzen gesetzt, Beete frisch angelegt. Es hat sich gelohnt.

Vom Aussichtspunkt Dulce María Loynaz hat man einen herrlichen Blick auf Puerto.

Nirgendwo sonst in Puerto kann man in so entspannter Atmosphäre einen *Cortado* trinken wie auf der Terrasse des Cafés. Und das sollte man, bevor man wieder hinab ins Zentrum steigt.

Wer von Pflanzen nun immer noch nicht genug hat oder Orchideenliebhaber ist, kann auf dem Rückweg auch noch einen Abstecher in den Sitio Litre machen. Dazu biegt man nach rechts auf die Hauptstraße (Carretera Botanico) ab, folgt ihr für ungefähr

500 Meter und biegt dann nach links in den Camino Sitio Litre ab.

Zu sehen gibt es an diesem lauschigen Ort neben vielen Orchideen auch den ältesten Drachenbaum von Puerto und das 1730 erbaute Herrenhaus. Die Besitzer haben Andenken an die berühmten Besucher Alexander von Humboldt und Agatha Christie aufgestellt. Hier kann man Seele und Beine mal baumeln lassen. Sitio Litre wird von wenigen Touristen besucht, ist aber allemal einen Besuch wert und mit einem Eintrittspreis von 4,75 Euro recht günstig.

Neben den drei öffentlichen und kostenlosen Stränden hat Puerto auch ein künstlich angelegtes Bad, den Lago Martiánez, das sich direkt an der Hauptstrandpromenade befindet. Vor allem mit Kindern ist es empfehlenswerter, im Lago Martiánez baden zu gehen. Diese in den 70er Jahren künstlich von dem Künstler Cesar Manrique entworfene Badelandschaft bietet auf 100.000 Quadratmetern Fläche mehrere Becken unterschiedlicher Größe, bepflanzte Entspannungszonen, Spielplätze und ein kleines Restaurant. Das Hauptbecken hat ein Fassungsvermögen von 25.000 Kubikmetern und wird von einer Fontäne gefüllt. Sie wird nachts beleuchtet und ist ein beliebtes Fotomotiv. Der Lago bietet unbeschwertes, entspanntes Baden ohne schwarzen Sand und umwerfende Wellen, aber mit tollem Ambiente und Kunstwerken von Cesar Manrique

Für 5,50 Euro kann man hier den ganzen Tag (10 – 18 Uhr) verbringen (Liegen mit Auflagen inklusive). Sonnenschirme gibt es für 2,50 Euro.

Tag 6 – Ein Ausflug ins Umland – La Orotava, Puertos Mutterstadt

Mehrere Wege führen nach La Orotava, der kürzeste führt in ca. einer Stunde über die Calle Luis Rodriguez Figueroa. Aber freuen Sie sich nicht zu früh: Auf den 3,8 Kilometern geht es stetig bergauf. Natürlich können Sie auch von der Estación de Guaguas den Bus nehmen (Linie 352).

La Orotava ist noch ursprünglicher als Puerto und von modernen Bausünden des Tourismusbooms der 60er Jahre weitgehend verschont.

Die Altstadt ist denkmalgeschützt. Hier finden sich die typischen kanarischen Hütten, die aus schwarzem Lavagestein gemauert wurden, direkt neben Herrenhäusern der adligen Spanier aus dem 17. und 18. Jahrhundert.

Bekannteste Sehenswürdigkeit ist die Casa de los

Balcones aus dem Jahr 1632, das „Ausstellungsstück" – wie der Name schon sagt – der kanarischen geschnitzten Holzbalkone. Gleich gegenüber ist die Casa de la Alfombra, ein weiteres historisches Schmuckstück. In beiden Häusern werden kanarisches Kunsthandwerk, Keramik- und Tonwaren, Trachten und Tischdecken mit der typischen Hohlraumstickerei zum Verkauf angeboten. Außerdem kanarische „Leckereien" wie Honig, Wein und Liköre.

Interessant ist auch das „ayuntamiento", das Rathaus, in dem man eine kleine Zeitreise machen kann. Nebenan befindet sich ein Ableger des Botanischen Gartens.

In La Orotova wurden zu Siedlungsbeginn im 16. Jahrhundert auch künstliche Wasserleitungen erbaut, die von den Quellen aus dem Aguamansa gespeist wurden und über ein Dutzend Mühlen antrieben. Überreste davon sind heute noch in der Stadt zu sehen.

Lassen Sie sich auch die Kirche Nuestra Señora de la Concepción am Plaza Casañas aus dem 18. Jahrhundert, die Iglesia San Augustín, die vielen kleinen verträumten Gassen und Patios und natürlich die

Ausblicke auf das Orotava-Tal nicht entgehen.

Zurück kommen Sie auf dem gleichen Weg oder mit dem Bus, der an der Plaza de la Constitución abfährt.

Tipp: Wenn man nicht spontan nach Teneriffa fliegt, sollte man sich einen Reisetermin um Fronleichnam aussuchen, denn dieses Fest wird in Teneriffa auf besonders schöne Weise gefeiert. Dazu sollte man wissen, dass Corpus Christi nicht in allen Städten auf Teneriffa am selben Tag gefeiert wird. In Orotava zum Beispiel eine Woche nach den offiziellen Feiern von La Laguna und Tacoronte. In Orotava dauern die Feierlichkeiten über eine Woche, in der Prozessionen, Konzerte & Tänze von Folkloregruppen und Weinverkostungen stattfinden.

Wie in La Laguna und Tacoronte auch, gibt es in Orotava kunstvoll gefertigte Blumen und Sandteppiche, die Szenen aus dem religiösen Leben darstellen. Einer von diesen Sandteppichen kam 2007 sogar ins Guinessbuch der Rekorde

Tag 7... es wird sportlich – Tipps für Aktivurlauber
Wandern auf dem Höhenweg „Los Organos". Mit dem Mietwagen geht es zunächst auf der TF 21 in Richtung Teide durch Aguamansa hindurch, weiter in Richtung La Caldera. Der Parkplatz hier ist der Startpunkt. Links vorbei an einer Bushaltestelle und an einer kleinen Waldgaststätte führt eine Asphaltstraße, die man nach 300 Metern verlassen muss, um auf den unbefestigten Forstweg „Los Organos" zu kommen. Hat man eine kleine Steinbrücke und eine Holzhütte passiert, kommt man auf den Pilgerpfad nach Candelaria, Camino de la Candelaria.

Er wird noch immer am 14. August von vielen Gläubigen benutzt, um nach Candelaria zu kommen. Der Weg führt durch einen verwunschen wirkenden Wald mit kanarischen Kiefern und Eukalyptusbäumen, an denen Bartflechten hängen. Nach einer halben Stunde Gehzeit auf dem breiten Forstweg geht man links an der Metalltafel Lomo de los Brezos vorbei, durch einen nach oben hin lichter werdenden Kiefernwald. Jetzt ist Kondition gefragt, da es für 45 Minuten bergauf geht. Nun schlägt man die Richtung Portillo del Topo TF 35 ein. Hier beginnt der Höhenweg. Für ca. zwei Stunden geht man auf dem 1 Meter breiten Pfad, der an Engstellen durch Stahlseile und Geländer gesichert ist. Aber keine Angst: Die Wege sind allesamt gut zu laufen und auch für ungeübte Wanderer geeignet.

Nun sehen Sie das Tal und die Felsformation, die dem Weg seinen Namen gab: „Los Organos", die Orgelpfeifen.

Dann biegt man links ab in Richtung Camino el Topo / Casa del Agua TF 35. Zwei riesige Kiefern bilden ein Tor. Überhaupt sind die Bäume hier sehr beeindruckend. Jetzt kommt ein Weg mit weiß/gelben Markierungssteinen, die Orientierung geben. Ihm folgt man immer weiter geradeaus, bis man an bergab führende Stufen kommt. Die nimmt man und geht immer weiter bergab nach links, bis man wieder links auf den breiten Forstweg kommt. Vorbei an einem Steinhaus geht es nun immer geradeaus. Nach gut 4 Stunden Gehzeit ist man wieder am Ausgangspunkt.

Dieser Weg bietet immer wieder schöne Ausblicke auf den Teide und das Tal. Hier lernen Sie das andere Teneriffa kennen.

An gutes Schuhwerk und ausreichend Getränke sollte gedacht werden. Auch eine Wanderkarte kann nicht schaden. Lauffaule haben auch andere Möglichkeiten.

Segwaytour durch Puerto

Diese kann man je nach Saison ab 21 Euro buchen. Geboten werden eine ein- oder zweistündig geführte Tour durch Puerto, vorbei an den Sehenswürdigkeiten. In kleinen Gruppen geht es nach einer kurzen Einweisung mit Gefährt durch die Stadt. Im Preis inbegriffen sind Helm, Wasser und, im Fall von Regen, eine Regenjacke.

> Segway Experience
> Av. Melchor Luz, 10
> Telefon: +34 922 38 56 57

Tauchen

In Puerto gibt es verschiedene Anbieter von Tauchtouren. Einige bieten neben der Tauchausrüstung auch den Transfer zur Tauchstelle an. Finden Sie das Passende für sich!

> Ecosub
> Calle de Cólogan 12
> Telefon: +34 922 36 28 01

| Atlantik Tauchschule |
| Camino Burgado 1 / |
| Telefon: +34 654 15 34 10 |
| Diving Teide Divers |
| Calle La Corbeta |
| Telefon: +34 636 12 44 50 |

Erkundigen Sie sich nach den Preisen. Ein 45-minütiger Tauchgang ist bereits ab 28 Euro zu haben.

Surfen

Die Nordküste ist ideal zum Surfen, da hier fast immer Wind weht. Selten ist das Meer ruhig. Auch in Puerto gibt es einige beliebte Spots. Wer Lust hat, Surfunterricht zu nehmen oder bereits Profi ist, kann sich in einer Surfschule anmelden. In Gruppen von maximal 8 Teilnehmern kann man 3 Stunden Unterricht für ca. 40 Euro nehmen.

| AtlanticSurf |
| Telefon: +34 617 646 387 |
| La Marea Surfschool |
| Playa Martiánez |
| Telefon: +34 922 10 55 34 |

Mountainbiken

Für die Liebhaber des Radsports gibt es zwei Möglichkeiten: Fahrrad mitnehmen oder mieten. Wer will, kann bei verschiedenen Anbietern nicht nur einen Drahtesel leihen, sondern geführte Touren buchen. Ab 80 Euro gibt es ein Rad, eine geführte Tagestour und Verpflegung.

Bike Spirit Edificio Calle Maquinez 51 Telefon: +34 822 04 42 58
Ride Base Calle Avenida Francisco Afonso Carillo Telefon: +34 822 61 04 87
Rennradvermietung Teneriffa Calle Fojardor Telefon: +34 664 42 79 94

Was es noch zu sehen gibt

- Iglesia de Todos los Santos: Diese Kirche wurde von den Engländern im 19. Jahrhundert errichtet und diente den Anglikanern als Gotteshaus. Zu finden ist sie im Taoro Park.

- Der historisch wertvolle anglikanische Friedhof „*La chercha*" (churchyard), der bereits 1670 erbaut wurde, ist inmitten von Hotels und Wohnhäusern in der Calle Doctor Madan zu finden. Hier wurden seit dem 17. Jahrhundert viele ausländische, politische und historische Persönlichkeiten begraben.

- Ermita San Telmo an der Promenade San Telmo: eine kleine, feine Kapelle.

- Und viele kleine, hübsche Ecken, die Sie selbst entdecken sollten.

Erleben und genießen

... übernachten

Puerto ist die Wiege des Tourismus. So sollte für jeden Geschmack und jeden Geldbeutel etwas zu finden sein.

Hier die Top 3:

- Exklusiv und damit nicht ganz billig: Das 4-Sterne-Hotel *Tigaiga* am Taoro Park (DZ pro Nacht zwischen 150 - 200 Euro).

- Super Preis-Leistungs-Verhältnis, Top-Lage, schnucklig kanarisch und seit Humboldts Zeiten in Betrieb (prominentester Gast): Das 3-Sterne-Hotel *Marquesa* in der Calle Quintana (DZ ab 45 Euro).

- Wer es noch günstiger und etwas verträumt und romantischer eingerichtet mag, ist im *4 Dreams*

Hotel Chimisay aufgehoben, Calle Agustín de Bethencourt.

Nicht jeder ist für Pauschaltourismus mit Sturm auf das Buffet. In Puerto kann man auch Appartements und Ferienwohnungen buchen, mit denen man viel Geld sparen kann. Mit 200 Euro pro Woche ist man dabei. Vergleichen Sie die Preise bei einschlägigen Anbietern.

¡Que aproveche!... Kulinarisches (inklusive kleiner Kaffeekunde)

Die kanarische Küche zählt zur besten Küche Spaniens, vielleicht sogar der Welt.

Es gibt fünf typische Gerichte, die Sie unbedingt probieren sollten:

1. Papa arrugadas, die runzligen Kartoffeln mit Mojo-Sauce in rot oder grün. Die *papas* werden mit Schale in Salz und Zitrone gekocht. Verwendet werden kanarische Kartoffeln. Die Mojo-Sauce besteht aus Olivenöl, Knoblauch und verschiedenen Gewürzen. Bei der roten Sauce ist der Hauptanteil Paprika, bei der grünen sind es Koriander und Petersilie.

2. Puchero Canario: Ein Eintopf aus vielen verschiedenen Gemüsesorten (Kichererbsen, Kohl, Mais, Bohnen, Karotten, Kartoffeln) und Rindfleisch.

3. Queso asado con Mojo: Gebratener kanarischer Käse mit Mojo-Sauce.

4. Carne fiesta/Festtagsfleisch: Schweinefleisch, das mehrere Stunden in verschiedenen Kräutern, Wein und Weinessig mariniert wird, bevor es zubereitet wird.

5. Gofio: Stammt noch aus der Zeit der Guanchen, es ist ein aus geröstetem Getreide oder Hülsenfrüchten hergestelltes Mehl, das deftig mit Brühe, Knoblauch und Gewürzen oder süß mit Honig, Mandeln und Rosinen zubereitet und roh verzehrt wird. Es dient oft als Beilage oder als Snack zwischendurch. *Escaldón de Gofio* ist ein Gericht aus mit Fleischbrühe, Fleisch und Gemüse zubereiteter Gofiomasse.

Wo kann man in Puerto gut essen?
* ... spektakuläre Lage, spanisch-italienische Küche, gutes Preis-Leistungs-Verhältnis: *El Rustico* liegt im Felsen versteckt am Paseo de San Telmo.

* Spanische und argentinische Tapas, Nudeln, Fleisch und mehr: *Casa Meditarránea,* klein, fein und zentrumsnah. Sehr beliebt, also bitte reservieren (Calle Benjamin J.Miranda).

* *La Taberna de Fran,* mediterrane und internationale Küche, sehr preiswert. Außerdem leckere

Cocktails! Calle La Hoya 28.

Liebhaber von edlen Tropfen kommen auf Teneriffa auf ihre Kosten. Die einheimischen Weine sind durchaus empfehlenswert. Eine breite Auswahl an Weinen hat man im Allgemeinen in sogenannten *bodegas (Weinkellern)*, zum Beispiel die Bodega de Julian in der Calle Mequinez. Hier gibt es edle Tropfen aus Teneriffa, die vor dem Bestellen probiert werden können, zusammen mit kanarischer Küche und zeitweiser Live-Musik, die vom Betreiber selbst gespielt wird.

Wer all dies noch toppen will und noch „echter" kanarisch essen bzw. trinken möchte, der muss auf eine sogenannte Guachinche. Guachinches sind zufällig entstanden, als einige Weinbauern auf die Idee kamen, ihren überschüssigen Wein in der Garage zu verkaufen. Zusätzlich gab es für die Kunden ein von der Hausfrau zubereitetes Gericht. Wegen ihres ursprünglichen Charakters wurden die Lokale immer beliebter und viele Restaurantbesitzer benutzten den Namen, um ihr Restaurant attraktiver zu machen. Heute ist die Verwendung des Namens streng reglementiert und ein Restaurant muss bestimmte Kriterien erfüllen, um sich Guachinche nennen zu dürfen. Eine der 10 besten Guachinchen von Teneriffa befindet sich in La Orotava in der Urbanización el drago, Lugar Resbala 2, die Guachinche „El Cubano".

Kleine Kaffeekunde

cafè solo – ist ein Espresso
cortado – Espresso mit Milch
café con leche – Milchkaffee
café cortado leche y leche – Espresso mit heißer Milch und gesüßter Kondensmilch
Barraquito – kanarische Kaffeespezialität, schichtweise kommen zuerst gesüßte Kondensmilch, Likör 43, Espresso und heiße Milch mit Milchschaum in ein Glas, obendrauf kommen Zitronenabrieb und Zimt.
Vorsicht! Barraquito heißt diese Mixtur überall auf Teneriffa, aber nicht im Norden. Wenn Sie hier einen Barraquito bestellen, bekommen Sie den Kaffee ohne Likör, denn im Norden der Insel heißt das oben beschriebene Getränk Zaperoco. Sprechen Sie hingegen im Süden den Kellner auf einen Zaperoco an, könnte er fragend die Stirn runzeln.

... Nachtleben

Bars und Clubs gibt es Dutzende. Den Abend zu verbringen, ist kein Problem.

- Extravagant und nur für Erwachsene: Nachtclub *Limbo* in der Calle Blanco
- Leckere Cocktails, für Fußballfans (auch Live-Übertragungen), im englischen Style: Bar *Bee Hive* in der Calle La Haya
- Für Tanzwütige: *Club Las Tejas Verdes* (Calle Puerto Viejo 28)
- Billard, Darts und Live-Events zu mäßigen Preisen gibt es in der *Blanco Bar* (Calle Blanco)
- Gay Bars: *Arena Gay Club* (Avenida Venezuela) oder *Anderson Gay Pub / show Bar* (Avenida Betancourt y Molina 24)

Einkaufen

Grundsätzlich kriegt man in Puerto alles, was man für den täglichen Bedarf braucht. Es gibt kleinere Tante Emma Lädchen, die etwas teurer sind, aber auch große deutsche Ketten wie Lidl. Rund um den Plaza del Charco sind die Haupteinkaufsstraßen. Sie können von überholter Technik, Antiquitäten, Kunsthandwerk, Mode und Kosmetik alles bekommen.

Ein sehr großes Einkaufszentrum befindet sich in La Orotava an der Nordautobahn T5. Hier gibt es Lebensmittel, Klamotten und Schuhe von spanischen und internationalen Marken und verschiedene Gastronomien.

... wie komme ich nach... Reisemöglichkeiten

Die beste und einfachste Art unabhängig zu reisen, ist natürlich das Mietauto. Je länger man im Voraus bucht, desto günstiger kommt man weg. Junge Leute ohne Führerschein oder Gelegenheitsausflügler kommen gut mit den *Guaguas* von A nach B. In Puerto ist der Busbahnhof leicht zu finden. Ticketauskünfte und Preisinformationen sind auch über die App der Verkehrsgesellschaft *titsa* zu bekommen.

Sehr günstig reist man mit dem neu eingeführten Ticket Ten+ oder TenMas. Dieses Ticket können Sie beliebig hoch aufladen (zwischen 5 und 100 Euro).

Auf Strecken mit weniger als 20 Kilometern gibt es 30 Prozent, auf alle längeren Strecken sogar 50 Prozent Rabatt. Das Ticket halten Sie beim Ein- und Aussteigen an ein digitales Lesegerät und der Fahrpreis wird automatisch abgebucht. Sollten Sie mal nicht mehr genug Guthaben geladen haben, können

Sie den Restbetrag auch beim Fahrer bezahlen. Die Preise sind dabei recht günstig, z.B. von Puerto nach La Orotava 1 Euro.

... Feste feiern... Calendario de Fiestas

Wie schon gesagt, verstehen es die *Canarios* zu feiern. Viele ihrer Feste sind eng mit dem katholischen Glauben verbunden. Bekannt ist Teneriffa für seine Romerías, traditionelle und religiöse Erntedankfeste, die im Norden der Insel größer ausfallen. Das ganze Jahr über finden immer wieder Events mit Live-Musik statt. Hier eine Übersicht über die regelmäßig stattfindenden Veranstaltungen.

Februar – Fiesta de Carnaval

Der Februar steht ganz im Zeichen des Karnevals. Jedes Jahr gibt es ein bestimmtes Motto. Begonnen wird der Fasching mit einer Vorstellung der Kandidatinnen für die Königinnenwahl. Diese präsentieren ihre schillernden, aufwändigen Kostüme, die oft schwerer sind als die Kandidatinnen selbst. Gefolgt wird die Eröffnungsfeier von Kinderfasching, der Wahl des besten Kostüms, Umzügen usw.

Einen ungewöhnlichen Lauf, an dem nur Männer teilnehmen dürfen, gibt es nur in Puerto: die carrera de tacones. In Frauenkostümen und in High Heels mit mindestens 10 cm Absatz müssen die Teilnehmer auf der Plaza del Charco einen Hindernislauf absolvieren. Besonders ist außerdem das afro-kubanische Ritual des matar la culebra. Die Teilnehmer sind als schwarze Sklaven verkleidet und erhalten vom weißen Aufseher den Befehl, die Schlange zu töten, wobei die Schlange für das Böse steht. Beendet wird der Karneval mit der Beerdigung der Sardine (entierro de la sardina) am Aschermittwoch. Eine riesige Sardine aus Pappmaché, die eigentlich Don Carnaval verkörpert, wird unter Trauerlauten und Wehklagen in einer Prozession durch die Straßen zum Ort ihrer Vernichtung gebracht und verbrannt. Doch das ist noch nicht das Ende des Karnevals, denn jetzt wird nochmals so richtig gefeiert.

April – Semana Santa, die Karwoche

Ostern ist in ganz Spanien das höchste katholische Fest. Bei den Prozessionen in der Karwoche werden riesige Heiligenstatuen auf festlich geschmückten Plattformen von den Bruderschaften durch die Straßen getragen. Dabei findet ein richtiger Wettbewerb unter den *hermandades* statt, wer die schönste und schwerste Plattform hat. Die kanarische Art, das Osterfest zu begehen, ähnelt dabei sehr der andalusischen. In La Laguna soll es eine der schönsten Karfreitagsprozessionen Europas geben.

Das Leben Christus wird bei Theaterstücken nachgestellt, es wird gefeiert und Musik gemacht. Natürlich finden auch Messen, Passionsspiele und andere Feste statt. Die spanische Semana Santa gehört zum Unesco-Weltkulturerbe und ist auch für Nichtgläubige unbedingt sehenswert.

Mai - La fiesta de la cruz
Der Tag des Maikreuzes wird nur in einigen Städten der Insel gefeiert. Besonders schön soll er in Santa Cruz, Puerto und Los Realejos (3-stündiges Feuerwerk!) begangen werden.

Juni - Las Fiestas de San Juan
Die genaue Herkunft dieser Sonnenfeste ist streitbar, aber vergleichbar mit der Sommersonnenwende. Vom 22. - 24. Juni wird der Sommer begrüßt. Wasserspender und Brunnen in der Stadt werden mit Blumen, Obst und Gemüse geschmückt, waren sie doch einst lebensnotwendig für die Bewohner.

Die Portuenses treffen sich am Strand, entzünden Lagerfeuer und feiern mit Musik und Picknick.

In der Nacht vom 23. Juni werden die offiziellen großen Feuer entzündet. Sie sollen das Böse vertreiben. Viele Besucher tragen zusätzlich Kerzen herbei und nehmen ein nächtliches Bad im Meer. Es soll vor Bösem schützen. Am 24. Juni gibt es dann ein Spektakel der besonderen Art. Hier werden nämlich Ziegen von ihren Hirten zum Hafenbecken getrieben und unter viel Gemecker im Meer gewaschen. Wenn Sie das miterleben wollen, sollten Sie bereits um 7 Uhr am Hafenbecken sein.

Juli - Fiesta del Carmen

Alljährlich Mitte Juli findet dieses Fest in Puerto statt. Die Figuren der Schutzheiligen Virgen del Carmen und San Telmo werden in einer Prozession durch die Stadt hinunter zum Hafen getragen. Auf festlich geschmückten Booten werden die Figuren bis nach Punta Brava und wieder zurückgefahren. Die Schutzpatronin wird anschließend wieder in die Kirche getragen. Besonders den Fischern ist dieses Fest heilig. In diesem Monat gibt es mehrere Feste im Zeichen der Virgen, unter anderem La Sardinada, ein Fest, das ganz im Zeichen des Fisches steht. Bei Musik können Sie am Hafenbecken lecker gegrillte Sardinen für rund 3 Euro essen. Das sollten Sie sich nicht entgehen lassen.

August – Oktoberfest

Ja, Sie haben richtig gelesen. Auf eine Initiative des Tourismusverbands hin feiert man einen Ableger des deutschen Oktoberfests in Puerto, um der Freundschaft zu Deutschland zu huldigen. Und es wird genauso gefeiert. Besonders beliebt ist es bei den deutschen Auswanderern im Norden der Insel.

November – San Andres

Das Fest des heiligen Andreas findet am 29. November statt. Alle, die Lust haben, treffen sich auf der Plaza del Charco, um mit Schrotthaufen und Dosen möglichst viel Lärm zu machen. Die Jüngeren ziehen dann lärmend und mit Dosen werfend durch die Straßen. Deswegen hat das Fest auch den Beinamen La fiesta del Cacharro. Es ist aber auch als Castañada bekannt, da auf der Plaza regionale Köstlichkeiten wie geröstete Maronen, Gofio und Wein angeboten werden.

Festivals

Für Liebhaber des Jazz gibt es im Juli das Festival Internacional Canarias Jazz & Más Heineken. Über 50 musikalische Darbietungen begeistern nicht nur Jazzanhänger. Zwei Wochen lang zeigen internationale und nationale Künstler an verschiedenen Schauplätzen ihr Können.

Im August findet das Indie Pop-Rock-Festival PHE statt. Von Freitagabend bis Sonntag können diverse Künstler angehört und angeschaut werden. Für ein Tagesticket bezahlt man um die 20 Euro.

Im Dezember huldigt Puerto dem deutschen Komponisten Johann Sebastian Bach. Überall in der Stadt werden Konzerte von Chören und Instrumentalisten dargeboten.

Jedes Jahr im Mai findet das Festival Internacional de Arte en la Calle MUECA in Puerto statt. Die Stadt explodiert vor Kunst und Kreativität, wenn Tänzer, Clowns, Akrobaten, Theaterleute, bildende Künstler und Musiker in den Straßen ihr Können zeigen. Für Liebhaber der Reise- und Abenteuerliteratur veranstaltet die Stadt Puerto im Oktober das Festival Periplo. Es gibt Lesungen, Diskussionsrunden und Workshops.

Wenn einem die Stadt nicht reicht

Teneriffa ist eine so vielfältige, interessante Insel, dass eine Woche in Puerto zwar nicht verschwendet, wohl aber zu wenig Zeit ist, um all die Schönheit und Vielfalt der Insel kennenzulernen.

Hier folgen die absoluten Highlights:

Der Teide und seine Cañadas

Wenn man nichts auf Teneriffa macht, außer Baden – die Tour zum Teide ist ein absolutes Muss! Am besten unternimmt man diese Fahrt mit dem Mietwagen von Puerto aus auf der TF 21 in Richtung Teide. Man kann das Ziel gar nicht verfehlen. Klar sind auf dem kurvenreichen Weg und den nicht sehr breiten Straßen Fahrkünste und starke Nerven gefragt. Wem das zu viel Nervenkitzel ist, der kann auch geführte Touren im Bus inklusive Ticket für die Bergbahn ab 33 Euro pro Erwachsenen oder 13,50 Euro pro Kind buchen (www.volcanoteide.com).

Unbeschreiblich ist allein schon die Fahrt, bei der man sich durch das Grün des Orotava-Tals nach oben schlängelt und sich dabei immer mehr der meist vorhandenen Wolkendecke nähert. Irgendwann ist man da durch und fährt weiter im strahlenden Sonnenschein, erblickt die bizarre Landschaft um den Teide und ist nur noch fasziniert. Das weiße Wolkenmeer, auf das man nun von oben blickt, verstärkt den Eindruck noch, sich auf einem anderen Planeten zu befinden. Lavafelder, Felsformationen – alles Stein und doch gibt es dazwischen immer wieder Vegetation.

Die Cañadas del Teide sind ein Nationalpark und so ist unbedingt geboten, sich nur auf den gekennzeichneten Wegen zu bewegen. Auf dem schottrigen Gelände kommt man leicht ins Rutschen und läuft Gefahr, gegen einen scharfkantigen Felsen zu knallen. Im schlimmsten Fall mit dem Kopf. Selbst gesehen! Und der Rettungswagen/-hubschrauber braucht ein bisschen, bis er im Nationalpark ist. Also Vorsicht! Entlang der Straße gibt es Haltebuchten und Parkplätze, von denen aus man auch zu Wandertouren in dem Gelände aufbrechen kann. Hier macht sich bereits die etwas dünnere Luft bemerkbar. Packen Sie unbedingt noch eine Flasche Wasser mehr in Ihren Rucksack.

Im Sommer ist das Gedränge zum Gipfel des Teide besonders groß, aber wer Geduld hat und Teneriffa von oben aus betrachten möchte, sollte sich via Internet ein Ticket für die Bergbahn „Telerífico", die einen 3.550 Meter nach oben bringt, besorgen. Der frühe Vogel fängt den Wurm, das gilt hier genauso. Je früher Sie die Zeit zur Fahrt buchen, desto kürzer sind die Wartezeiten.

Die Gondel fährt bis zur Rambleta, einem alten Krater, auf den sich die eigentliche Spitze auftürmt.

Hier ist eine kleine Hütte, wo man Getränke erwerben kann (ein WC gibt es auch). Für Spontanreisende ist die Teidespitze in der Hochsaison meistens passé, da die limitierten Sondergenehmigungen für die Besteigung der letzten 165 Höhenmeter oft lange im Voraus ausgebucht sind. Aber man kann auch schon von der Rambleta aus grandiose Ausblicke genießen: Im Norden vom Mirador de la Fortaleza hinunter zur Küste und im Westen vom Mirador del Pico Viejo in den Krater des Alten Gipfels hinein. Von der Bergstation aus sind es zu beiden Aussichtspunkten ungefähr 15 Minuten Fußweg über einen holprigen, gepflasterten Pfad.

Natürlich können die geübten und trainierten Wanderer unter Ihnen den Gipfel auch zu Fuß erklimmen. Empfohlen wird eine geführte Wanderung, unabhängig von Wandererfahrung und Wetterverhältnissen, beginnend vom Kilometer 40,7 an der TF 21 aus. Der Wanderweg (oder sendero) Nr. 7 führt in fünf Stunden zum Gipfel, 1.400 Höhenmeter werden überwunden. Ein besonders tolles Erlebnis ist die Beobachtung des Sonnenaufgangs auf dem Teide. Romantiker und Abenteurer können für dieses Highlight die Wanderung in zwei Etappen machen und unterwegs auf einer kleinen Berghütte übernachten.

Am Teidegipfel vorbei, kommt man an die auf Postkarten abgebildeten Roques de García, einer Felsformation bestehend unter anderem aus dem Roque Cinchado (Finger Gottes), La Catedral und der Roque Los Cuevos, die man auf dem Wanderweg Nummer 6 umlaufen kann.

Die Vulkanlandschaft allein ist schon faszinierend, doch von April bis Juni extrem schön. Denn dann blühen die zum Teil nur am Teide vorkommenden Pflanzen wie Natternköpfe, Ginster oder die Teide-Margerite in voller Pracht.

Masca und Mascaschlucht/Los Gigantes
Das sehr idyllisch gelegene Bergdorf Masca war einst Zufluchtsort von Piraten. Über eine serpentinenreiche Straße gelangt man hierhin. Gleich am Ortseingang parkt man und los geht die Entdeckungstour. Das abgelegene Dörfchen ist sehr ruhig und liegt inmitten von Bergen, aber auch hier ist man auf Tourismus eingestellt. Die meisten der Häuser werden als Bistros und Restaurants genutzt. Schauen Sie sich die ungewöhnliche Architektur der in den Hang gebauten Häuser an.

Um den Einstieg in die Mascaschlucht zu finden, folgt man am besten seinem Instinkt, denn gut ausgeschildert ist der Weg dahin nicht. Er ist allerdings auch nicht schwer zu finden. Für diese Tour sind Trittsicherheit, festes Schuhwerk und sehr viel zu trinken notwendig, denn sie ist anstrengend, aber absolut grandios.

Nicht nur eine einzigartige Pflanzenwelt und die imposant aufragenden Felswände, neben denen man sich winzig vorkommt, sondern auch die kleinen paradiesisch wirkenden Oasen werden Ihnen den Atem rauben. Das tut allerdings auch die anspruchsvolle Wanderung, denn von Masca bis hinunter an den Strand sind auf einer Strecke von 4 Kilometern 600 Meter an Höhe zu überwinden. Nach gut drei Stunden kommt man am Meer an und kann hier pausieren oder in den Atlantik springen, bevor man sich wieder auf den Rückweg begibt.

Geführte Touren haben den Vorteil, dass man sich den Rückweg spart und per Boot von der Playa de Masca in den Hafen von Los Gigantes gebracht wird. Die Bootstickets kann und sollte man online vorbestellen unter www.mascaexpress.com. Die Rückfahrkarte kostet 10 Euro.

Los Gigantes' Felsen, die bis zu 450 Meter hoch sind und steil aus dem Meer ragen, sind einzigartig in Europa. Sie bilden den krönenden Abschluss dieses Ausflugs und am schönsten sind sie tatsächlich vom Meer aus.

Von Los Gigantes aus fährt man mit Linie 325 nach Santiago del Teide und dann weiter mit der Linie 355 nach Masca.

Tipp: Die Strecke nach Masca ist nur für geübte Autofahrer. Da man nicht um die Haarnadelkurven schauen kann, hupen Sie, bevor Sie die Kurve nehmen und der Gegenverkehr ist gewarnt. Denn auf den engen Straßen fahren auch Busse.

Candelaria und die Guanchenkönige

Die Stadt Candelaria liegt 20 Kilometer südwestlich der Hauptstadt Santa Cruz. Sie ist vom Massentourismus weitgehend verschont und natürlich gewachsen.

Candelaria ist der bedeutendste Wallfahrtsort Teneriffas und beherbergt in der Wallfahrtskirche Nuestra Señora de la Candelaria eine Figur der Schutzheiligen von Teneriffa, die Virgen de la Candelaria. Die Kirche wurde 1959 im neoklassizistischen Stil erbaut, um der Zahl der Wallfahrer gerecht zu werden. Und zwar direkt vor eine Grotte, in der die Heiligenfigur steht. Diese Figur stammt aus dem 19. Jahrhundert und kopiert die ursprüngliche Virgen, die den Einwohnern vom Meer gebracht, aber auch wieder genommen worden sein soll.

Gut 150 Jahre älter als die Basilika ist das Dominikanerkloster daneben. Seine Klosterkapelle widmet sich der Geschichte der Virgen.

Ein weiteres Wahrzeichen der Stadt sind der schmale Glockenturm der Basilika mit seiner 25 Meter hohen Kuppel sowie die Bronzestatuen der Guanchenkönige (Menceyes), die die Uferpromenade säumen. Auch sonst ist diese hübsche Stadt eine Reise wert.

Pyramiden von Güímar

Man muss nicht nach Ägypten oder Mexiko reisen, auch auf Teneriffa gibt es Pyramiden.

Die aus Lavagestein und Mörtel erbauten Gebilde stammen aus dem 19. Jahrhundert und verdanken ihren Wert als Touristenattraktion dem norwegischen Forscher Thor Heyerdahl. Die 6 Pyramiden befinden sich im Ethno-Park Güímar nahe der Stadt Chacona. Bis heute ist ihre Funktion nicht geklärt.

Heyerdahl behauptete, die genaue Bauweise und geografische Ausrichtung haben einen anthropologischen Wert, da sie Pyramiden anderer Kulturen ähneln. Andere Wissenschaftler sind der Meinung, dass lediglich ein paar Bauern ihre Felder beräumen wollten und die Steine symmetrisch stapelten.

Sehenswert sind die Pyramiden allemal. Der Ethno-Park bietet außerdem noch einen Botanischen Garten mit Giftpflanzen aus aller Welt, ein Museum mit Keramik und Guanchen-Masken, ein Auditorium und eine thematische Sonderausstellung.

Der Eintritt kostet für Erwachsene 18 Euro für das Premiumticket mit Zugang zu allen Bereichen. Kinder bezahlen 6 Euro.

Etno Parque Güímar
Calle Chacono
Öffnungszeiten: von 9:30 – 18:00 Uhr

Drachenbaum in Icod de los Vinos

Unweit von Puerto, in der kleinen Stadt Icod de los Vinos, kann man den ältesten Drachenbaum der Insel begutachten. Nach neuesten Schätzungen ist er um einiges jünger, als gedacht, nämlich statt 3.000 nur 500 Jahre. Wie alt er auch sein mag, der Baum, eigentlich ein Agavengewächs, ist mit 6 Metern Umfang und 7 Metern Höhe fast so breit wie hoch und damit der weltgrößte seiner Art. Das wird zumindest behauptet. Für die Guanchen hatte der Saft aus der Rinde rituellen Wert und eine heilende Wirkung wird ihm ebenfalls zugeschrieben. Zu Zeiten der *Pesetas* war der Drachenbaum sogar auf einem Geldschein zu sehen. Was seit über 100 Jahren unter Naturschutz steht, ist auf jeden Fall eine Reise wert. Verbinden kann man den Besuch des Drago Milenario mit einem Besuch des Schmetterlingshauses und einem Stadtbummel.

Hoch oben über der Stadt befindet sich die Cueva del Viento, die mit 17 Kilometern fünftlängste Lavahöhle der Welt. Machen Sie nicht den Fehler eines Spontanbesuches zu Fuß, denn der Aufstieg zum Besucherzentrum ist atemraubend. Für eine Besichtigung muss man sich anmelden bzw. die Tickets online kaufen (20 Euro Erw. / Kind 5 - 12 J. 8,50 Euro).

Cueva del Viento

Camino los Piquetes, 51

Montag, Mittwoch, Donnerstag und Freitag von: 9:00 bis 19:00 Uhr

Dienstag, Samstag und Sonntag von 9:00 bis 16:30 Uhr

Winteröffnungszeiten von Oktober bis März: Jeden Tag außer Donnerstag von 9:00 bis 17:00 Uhr

Donnerstag von 9:00 bis 18:00 Uhr

Telefon: +34 922 81 53 39

Anagagebirge und seine Bergdörfer

Für Naturfans, Wanderbegeisterte und Menschen, die Touristenmassen meiden wollen, ist das Anagagebirge der richtige Ort. Unzählige Wanderungen kann man hier unternehmen. Der Mercedes-Wald wirkt wie aus einem Märchenfilm, da die Bäume durch das feuchte Klima von Moosen und Flechten bewachsen sind. Dies ist der Ort, an dem man angenehme Kühle, aber auch Nässe erleben kann. Denken Sie also an festes Schuhwerk und Regenkleidung.

In den Bergdörfern kann man den Einheimischen begegnen und ursprüngliche Küche genießen. Besuchen Sie Taganana, das nur zu Fuß erkundet werden kann und schließen Sie den Tag mit einem Bad an der Playa de Benijo ab.

Wale gucken im Süden

Tierschutz hin oder her – eine Schiffstour, um Wale und Delfine im offenen Meer zu beobachten, ist ein besonderes Erlebnis. Es ist einfach faszinierend, diese friedlichen Tiere zu beobachten. Der Ozean tiefblau, der Himmel auch. Dazu die Silhouette der Insel im Hintergrund, eine Sangría in der Hand. Ein Traum!

Die Zahl der Anbieter für „Whale Watching" ist groß und ebenso die Preisspanne. Je nachdem, ob Sie einen Transfer mit buchen, ob Sie Segelboot, Katamaran oder Glasbodenboot bevorzugen, ob Sie zwei oder fünf Stunden auf dem Meer sind und ob Sie mit oder ohne Verpflegung wählen, können Sie zwischen 24 - 60 Euro alles bezahlen. Ihre geführte Tour, inklusive Transfer, können Sie in den Touristeninformationen buchen. Die meisten Boote starten an der Südküste der Insel.

> *Tipp: Fahren Sie mit Mietauto/Bus rechtzeitig zum Startpunkt Ihrer Wahl. Wer sich für längere Fahrten entscheidet, sollte den Wellengang nicht vergessen und aushalten können, wenn sich andere übergeben. Man selbst könnte seekrank werden. Suchen Sie sich einen Platz an der frischen Luft und fixieren Sie einfach einen Punkt an der Küste. Auch Sonnenschutz nicht vergessen. Das hilft!*

Santa Cruz

Die Hauptstadt macht ihrem Namen alle Ehre. Malerisch vor dem Anagagebirge gelegen bietet sie, neben zahlreichen Kulturgütern aus der Kolonialzeit, viele moderne Gebäude, drei Parks, einen Hafen und vieles mehr.

Imposant ragt das Auditorium, das Wahrzeichen der Hauptstadt, wie ein riesiges Segel (oder eine Welle?) am Hafen in den Himmel. Es dient als Konzert- und Kongresshalle. Von hier aus können Sie auch schon Europas größten Palmengarten erspähen, das Palmetum (6 Euro Eintritt).

Vom Plaza de España aus starten Sie Ihre Erkundungstour durch die Altstadt. Besuchen Sie die Markthalle Mercado Municipal Nuestra Señora de Africa und kaufen sich dort frischen Fisch oder die kanarischen Bananen. Was immer Ihr Magen begehrt, Sie werden es dort finden.

Liebhaber von Museen haben hier die Auswahl zwischen dem Militärmuseum, dem Naturmuseum und dem Karnevalsmuseum.

Santa Cruz hat für jeden Geschmack etwas zu bieten. Es ist insgesamt etwas moderner, aber auch hektischer und einen Tagesausflug wert. Wenn Sie schon mal in der Nähe sind, können Sie an den künstlichen Strand von Las Teresitas fahren. Der helle Sand wurde extra aus der Sahara eingeflogen.

Tipp: Wenn Sie mit dem Auto in die Stadt kommen, werden Sie meist von nicht sehr vertrauenswürdig aussehenden Männern einen Parkplatz zugewiesen bekommen, die einen kleinen Obolus wollen. Zahlen Sie, um Beschädigungen Ihres Autos vorzubeugen!

Wandern durch die Höllenschlucht

Die Barranco del Infierno befindet sich im Süden der Insel in der Nähe von Adeje. Hier ist auch der Eingang zur Schlucht zu finden. Der Wanderweg ist 6,5 Kilometer lang und endet an einem Wasserfall. Unterwegs begegnet man Pflanzen und Tieren, die endemisch für Teneriffa sind, traumhaften Aussichten und einigen anderen Wanderern. Die Zahl der Besucher ist auf 300 pro Tag begrenzt. Deswegen sollten Sie sich vorher anmelden. Der Eintritt kostet 8,50 Euro pro Person. Es besteht Helmpflicht wegen drohender Steinschläge. Zugang zur Schlucht hat man von 8:30 – 16 Uhr in den Sommermonaten und bis 17 Uhr in den Wintermonaten. Für den Hin- und Rückweg sollten Sie 2 - 3 Stunden einplanen.

Mit dem Auto quer über die Insel

Auch ohne festes Ziel im Blick wird es auf Teneriffa nicht langweilig. Wie wäre es, einfach mal loszufahren und zu sehen, was oder wer einem so begegnet? Mal nicht streng Tourismusmagneten einen nach dem anderen "abzuarbeiten"? Zweifellos kann man das ohne weiteres riskieren. Die Straßen entsprechen nicht immer deutschen Standards – aber macht nicht gerade das das Abenteuer aus? Halten Sie an, wo es Ihnen gefällt. Laufen Sie einfach mal drauf los und entdecken Sie Ihr Teneriffa!

B R I T T A   B L U M E N B E R G

Vocabulario

Echt kanarische Wörter, mit denen Sie punkten: *calufo* – die Affenhitze, stöhnen Sie ruhig mal im Restaurant „Ay, que calufo" und machen Sie ein gequältes Gesicht und es kann passieren, dass Ihnen der Wirt noch ein Getränk bringt.

Wer Badelatschen braucht, sollte nicht nach Flipflops oder Changlas, sondern nach *cholas* fragen.

Sollten Sie irgendwo mal *a chascar* (zum Essen) eingeladen werden, lassen Sie keinen Gang aus, bis Sie *abollado* (voll bis zur Oberkante/Unterlippe) sind. Frauen benutzen bitte die weibliche Form *(estoy) abollada*.

72|VOCABULARIO

Wenn Sie von irgendetwas nur ein bisschen haben oder wollen, dann sagen *Sie* **un fisco**. *„Vino, Seño-rita?"* – *"un fisco por favor"* Ein dringendes Bedürfnis hat jeder mal, aber fragen Sie dann bitte nach einem **servicio** oder **baño** (es ist übrigens in den meisten Restaurants kein Problem, auch als Nichtgast mal die Toilette zu benutzen), denn das deutsche Wort *Toilette* hat zu viel Ähnlichkeit mit **tolete** und das ist eine Beleidigung, die so viel wie *Blödmann* oder *Dummkopf* heißt.

Werden Sie vom Gastwirt gefragt, wo Sie hingehen, antworten Sie einfach **a novelear** und Sie sind fein raus, denn das bedeutet, Sie gehen aus, haben aber kein bestimmtes Ziel.

Gerade im Sommer gibt es auf der Plaza de Europa viele **belingos** und das ist nichts weiter als ein Fest, sollte aber von **tenderete** die Rede sein, ist (Live) Musik dabei.

Autobus ist ein spanisches Wort, auf Teneriffa heißen diese Gefährte allerdings **guagua**.

Wussten Sie?

Dass die Beatles 1963 ihren ersten Urlaub überhaupt auf Teneriffa verbrachten? Die drei damals noch unbekannten Briten Paul Mc Cartney, Ringo Starr und George Harrison hatten damals gerade die Single „Please, please me" aufgenommen und erholten sich hier. Kurze Zeit später kam ihr großer Durchbruch.

... dass die Marlins Puerto de la Cruz einer der erfolgreichsten Baseballclubs Spaniens sind und sogar schon den CEB Cup, den wichtigsten europäischen Baseball Wettbewerb, gewonnen haben?

... dass Teile des Films „Per Anhalter durch die

Galaxis", namentlich die Delfin-Szenen, im Loro Parque gedreht wurden?

... dass viele Pflanzen auf Teneriffa für die Insel endemisch sind?

... dass die kanarische Küche deshalb so einzigartig ist, weil sie Einflüsse aus Lateinamerika hat und Teneriffa während des UN-Embargos gegen Spanien lange Zeit abgeschnitten war?

... dass Teneriffa 350 Sonnentage im Jahr und 11 Stunden Sonne am Tag zu bieten hat?

Lust bekommen?

Obwohl Puerto de la Cruz mit 8,73 Quadrat-kilometern die kleinste Gemeinde der Insel ist, ist sie für mich die größte. Die "Wiege des Tourismus" nutzt ihre minimale Fläche optimal, um ihren Besuchern nicht nur eine Vielfalt an Mög-lichkeiten zu bieten, sondern spiegelt gleichzeitig die Ursprünglichkeit der kanarischen Kultur. Altes trifft auf Modernes, Einheimische auf Fremde, Tradi-tion auf Innovation.

Die raue Landschaft des Umlands beherbergt liebliche Pflanzen. Schroff und steil abfallende Berge küssen das Meer, das wie ein Saphir funkelt. Wo sonst kann man am Strand liegend nicht nur auf den wunderschönen Ozean, sondern auch auf faszinierende Steilküsten schauen, tagsüber wandern und abends in ein aufregendes Nachtleben eintauchen? Puerto ist eine Stadt der Gegensätze, die für jeden Geldbeutel und jedes Interesse etwas bieten kann. Der Luxusliebhaber wird hier genauso glücklich wie der Pauschalreisende oder Menschen, die Wert auf Nachhaltigkeit legen. Egal, was Sie für Präferenzen hinsichtlich Ihrer Freizeitgestaltung haben. Wenn man nicht viele Ansprüche hat, kann man hier mit 50 Euro pro Tag gut leben – inklusive Unterkunft. Sie können natürlich auch mehr oder weniger ausgeben. Wie Sie sich auch entscheiden:

In Puerto können Sie erleben, was den Lebensrhythmus der Einwohner ausmacht. Machen Sie sich auf und probieren Sie es aus!

Packliste

Geld & Finanzen

O (evtl.) Auslandswährung
O Bargeld
O Bauchtasche
O Brustbeutel
O Bauchtasche
O EC-Karte
O Kreditkarte
O Notfall-Telefonnummern der Banken
O Portmonee

Hygiene

O Haarbürste / Kamm
O Deo (klein)
O Shampoo
O Kulturtasche
O Sonnencreme
O Taschentücher

O Reise-Zahnbürste und Zahnpasta
O Verhütungsmittel

Kleidung

O Badeklamotten
O Gürtel
O Hosen kurz / lang
O Mütze / Cap / Hut
O Pullover
O Regenjacke
O Schlafanzug
O Socken
O Sonnenbrille
O Sportklamotten / Jogginghose
O T-Shirts
O Unterwäsche

Medikamente

O Blasenpflaster
O Anti-Durchfalltabletten
O Erste-Hilfe-Set

O Fiebertabletten
O Fiebertabletten
O Mückenschutz
O sonstige Medikamente
O Pflaster
O Kopfschmerztabletten

Unterlagen & Papiere

O ADAC Unterlagen
O Adresslisten für Postkarten
O Krankversicherungsnachweis
O Stadtplan
O Führerschein
O Unterlagen für die Unterkunft
O Wasserdichte Hülle für Reiseunterlagen
O Impfausweis
O Mietwagenunterlagen
O Personalausweis
O Reisepass
O Reisetagebuch
O evtl. Studentenausweis

O evtl. Visum
O Zug- / Bahn- / Flugticket

Taschen & Rucksäcke

O Koffer / Trolley / Reisetasche
O Regenhülle für Rucksack
O Rucksack

Schuhe

O Badeschlappen / Hausschuhe
O Schuhe und Wechselschuhe

Sonstiges

O Brille / Kontaktlinsen und Etui
O Buch zum Lesen
O Ohrenstöpsel und Schlafmaske
O Regenschirm
O Reisedecke
O Wasserflasche
O Wörterbuch

Elektronik

O Digitalkamera
O Handy
O Ladekabel
O Kopfhörer
O evtl. Steckdosenadapter
O Power-Bank

Herstellung und Verlag:

BoD – Books on Demand, Norderstedt

ISBN: 9783750496125

1. Auflage

Kontakt: Psiana eCom UG/ Berumer Str. 44/ 26844 Jemgum

Covergestaltung: Fenna Larsson

Coverfoto: depositphotos.com